CD / Being Happy

1. 簡單的幸福

2. 茶禪香

3. 如蓮

4. 父愛

5. 慈母心

6. 佛緣

7. 自在如風

8. 眾生恩

9. 一雙僧鞋

唱頌：心培和尚

作詞：徐秀美

作曲：心培和尚 9 ／ 戴維雄 1、2、3、4、6、7、8 ／ 賀立安 5

古箏演奏：釋妙蘊 6、9

製作 編曲：戴維雄

混音：沈浪

錄音：郭凌浩

發行：香海文化事業有限公司

佛緣

作詞 / 徐秀美　作曲 / 戴維雄

曾經的曾經　　　　　有多少多少的祈求

五百次擦肩而過　　　多少多少守望

換您今生一笑　　　　千年啊　是百年嗎

把握啊　珍惜當下　　能和您法船渡

南無佛　南無佛　南無佛　　問一聲汝今何處去

　　　　　　　　　　　　　三思啊

五百次回眸　　　　　何日君再來

是否再與您談笑

緣生緣滅聚不易　　　南無佛　南無佛　南無佛

把握啊珍惜當下

南無佛　南無佛　南無佛

ＣＤ演奏版／古箏演奏 釋妙蘊

自在如風

作詞 / 徐秀美　作曲 / 戴維雄

自在的風

山川大地　隨緣而去

財富名位兩手空

放下的我　知足常樂

我願如風

遊遍山川　看盡大地

身處娑婆紅塵　我心如蓮

安然　自在　隨緣

朝觀音　晚彌陀

精進持續

朝觀音　晚彌陀

佛國淨土就在眼前

眾生恩

作詞 / 徐秀美　作曲 / 戴維雄

宇宙緣起　萬物生息孕育
士農工商　你耕田我種地
我們的母親是天是地
生命才得以延續

君君臣臣　行之如儀
人民百姓　歡天喜地
孝親尊師　謹守孝悌
生命才得以延續

幼幼樹苗　可以成材成器
福禍相依　因緣果報要明記
是多生父母　也是姊妹兄弟
慚愧感恩大願心
齊心協力　創造幸福天地

一雙僧鞋

作詞 / 徐秀美　作曲 / 心培和尚

一雙僧鞋　　　　　我如此自許　心如清蓮
走過恆河沙歲月　　我即心即行　步伐不停
走過大漢盛唐
走過宋元明清　　　無怨無悔　不離不棄
　　　　　　　　　不羨淨土　不厭娑婆
如今　　　　　　　為真理前進
走過嶺頭白雲
走過大漠荒沙　　　不生不滅　不垢不淨
　　　　　　　　　不增不減
多少春夏秋冬　　　行佛　行佛　行佛
多少悲歡離合　　　唵嘛呢叭咪吽 (六字大明咒)
古德高僧　走過　走過

CD演奏版／古箏演奏 釋妙蘊

無我世間有為心　諸苦只因心執起
知足常樂不貪欲　如風清涼我的心

——〈在心〉心培和尚

心培和尚 /唱頌

號慧瀚，一九六七年生，台灣澎湖人，為臨濟宗第四十九代弟子。曾任：佛光山第七、八任住持。現任：國際佛光會理事。

秉承星雲大師對佛教「制度化、現代化、人間化、國際化」的發展理念，致力推動人間佛教弘法事業。善於梵唄唱誦，多次擔綱「佛光山梵唄讚頌團」主唱及副團長等職，並帶領至世界各地弘法演出。

於佛光山禪堂、淨業林、抄經堂等，開示修行法要。著有《花開了·禪心笑了》一書；「禪七講話」系列：《禪是甚麼》、《道在哪裏》；「佛七講話」系列：《佛是甚麼》、《如何念佛》。編著有《歡喜抄經》一書，以及《人間生活禪》CD 開示。並唱頌《人間菩提》、《人間般若》之古德詩偈；及創作念佛偈之《無盡願》、《光無邊》和《醒悟》雙 CD 唱頌專輯。

戴維雄 / 編曲

實踐大學副教授
中原大學評鑑委員
北京中央音樂學院客座教授

徐秀美

/ 詩・文

一九五五年出生於台灣
一九九二年移居澳洲
一九九三年皈依
法名「普修」

學歷：
澳洲國立中央大學人力
資源管理碩士研究生

經歷：
・台中大華幼兒園負責人
・國際公文式教育機構輔導老師
一九八二至二〇一三年（台灣、澳洲）
・中華民國少年發展協會顧問

現任：
・國際佛光會昆士蘭協會黃金
海岸分會副會長
・教師分會會長
・佛光山中天學校校務委員
・佛光山中天學校副校長

榮譽：
・國際公文式教育機構三十年
輔導老師資優資深獎
・中華民國僑委會海外僑民學校
教師二十年銀質僑教榮譽章

幸福緣起
佛光在心中

澳洲的今天，早上即下著雨 。

原本蔚藍潔淨的天空，在雨絲中夾著灰濛，為南半球的冬季添加寒冷的詩意。

玻璃窗上留下一條條水痕 ，如時間的軌跡，有些傷感，有些浪漫。

近午時分，雨勢漸漸弱了。陽光多情，在厚厚的雲層邊緣，鑲上一道金黃蕾絲邊。

當下，空中也出現了天橋似的雙彩虹，令人驚豔！

大自然無常的美，如何描述總都無法說盡，這緣起美麗的感動。

大自然有美麗的緣起，現實人生也是一樣。

二〇一四年十一月，南國春末初夏的天空，法香盈盈。

佛光山前任宗長心培和尚南行紐、澳弘法，於是，雪梨、布里斯本……的法緣殊勝！

當一連串既莊嚴又緊湊的三皈五戒法會，法味禪心專題講座分享之後。常住在心培和尚短暫紐、澳弘法行程中，特別細心安排了普照黃金海岸之行。

同修史邦和我，榮幸獲得中天寺住持覺善法師派任，承擔當和尚侍者開車，及當地風土民情文物介紹的嚮導。

車程中，心培和尚平易近人，觀機逗教，隨緣開示。使得滿車法香瀰漫，禪意濃濃。同時，我也發現新大陸似的——大和尚有著一顆赤子童心！

同修和我這兩個從來就一臉無辜，自以為「還來不及長大就老了」的老天真，突然間輕鬆自在不少，似乎沒了大和尚與小信徒間嚴肅拘謹的距離。

加上之前參加南天寺法會活動後，在回雪梨機場途中及雪梨機場候機室內，有福緣榮幸的和世界總會理事劉招明賢伉儷一起陪侍心培和尚。因此，無形中也就更自然的交談，除了向和尚說明澳洲、黃金海岸等地風土民情外，也把握當下向和尚請法。

早先已知心培和尚在三十七歲年輕之時，即承擔佛光山宗長，住持弘法家業。所以，同車而行的中天寺住持覺善師父和我，很自然的請教心培和尚：如何引導青年人學佛、如何培植善因善緣，依星雲大師指示的人間佛教海外道場本土化，讓移民第二代、第三代……的青年薪傳、順利接棒。

同時，真誠直心的向和尚表示：有生之年，發願如法學佛、禮佛，跟隨法師們弘法行佛，協助推行、發揚人間佛教……。如此，方得以報答三寶宏恩於百萬分之一……

同修史邦同時談到，由於前任紐、澳總住持依來法師，對於我們行事忠誠的信任與放心。每次星雲大師來到黃金海岸佛光緣，我們總因諸多因緣，得以榮幸陪侍左右。因而承星雲大師疼愛有加，蒙受無數次的法緣。一直感動得無以言表，也慚愧有加：小小信徒，如何對巍巍師恩回報呢？

我們更談到生命的意義，佛光人的價值和使命……；我們的感動、感謝與感恩！

「除了知道要信守對自己本性的承諾，安住佛法，奉持一師一道；發心盡心盡力做好一個人間佛教行者外。」

「應該還能多做些什麼？而助於人間淨土的發揚與傳承……。」

真情流露的交談中，突然我又「童心」大起，不知斤兩的我，向心培和尚建議：

「法門八萬四千……，比如說，如果有人有因緣創作禪詩、新詩，繼而作曲、編曲……，並恭請心培和尚，以一種清新、文學的風格演唱，錄製 CD，或許可以廣為接近普羅大眾，接引更多年輕族群歌唱。比如說，舉辦『佛心禪曲好聲音』比賽，循序漸進式的熏習，因緣導勢進入佛門……。」

和尚慈悲，任我天馬行空的思惟得以暢談。說著說著，面前的和尚彷彿已是多年深交的老友了。

和尚慈悲度我，時而給看法，時而只是靜靜聽我「大說特說」。臨別時，則輕輕拋下一句話：

「妳來寫詞！把妳想報三寶恩的心，如實、真誠的寫下來，有因緣的話，我唱！」

啊！何其有幸，又何其重擔……

平日只是個人塗鴉舒懷，這樣的文詞上得了台面嗎？我可以嗎？真的可以嗎？當下是既期待又擔心，那滋味難以形容，作夢也沒想過如此這般的妙因法緣！

啊！法師慈悲度眾，法門八萬四千啊！

隔天，心培和尚又將往他弘法的另一段旅程。分別時，和尚留下了功課：

「只要有心，創作不難，好好做。」

於是，我在黃金海岸認真的、萬分珍惜的、當下把握的，承擔了一份法喜工程！

二〇一五年春節，回台灣陪伴九十一歲瑞齡的公公過溫暖的中國年，一家人幸福的笑容比紅包還紅！

年初三，回高雄佛光山向星雲大師拜年，這也是我們一心從澳洲八千里路飛回來的孝思。雖然知道大師要接見的貴賓、徒眾很多，我們不一定能有因緣當面向他賀歲。可是心裡守著親情、守著如童年向尊長拜年的虔誠。提著「很過年」的禮盒，回家去！回家拜年去，有家可回，真好！

年初四，是一個值得特別一提的日子。因為在此之前，當我們簡訊向心培和尚拜年時，他提議：到宜蘭雷恩寺去！到蘭陽別院看大師的弘法足跡的記憶，去感恩、感受佛光山弘法五大洲的原點……

「當你深刻感受到那塊土地的聲音，你的心，自然會告訴你該怎麼做！」心培和尚說。

於是，這份「簡單的幸福」就在蘭陽平原——佛光山的起點；在蘭陽別院住持覺來法師的見證下，起步了！

前後近一年半的時間，終於，《簡單的幸福》要問世了！

我懷著一顆緊張、謙虛的心，和您們分享。希望我拋磚引玉的真心，能夠讓更多更有才華的佛弟子、佛光人，百花齊放。

不論琴、茶、詩、書、畫、劇……。如法的共同創造出各種有助弘法的精品，一起在人間佛教的大道上，造就更多弘法因緣。創立「佛法名牌」，行利益大眾事，報答三寶宏恩！

　　　　　　徐秀美 May Yang

　　　　　　二〇一六年一月於澳洲黃金海岸常青泉居

Contents

Being Happy

幸福原味

幸福

🌀 簡單的幸福

幸福只是名詞

從來沒有存在過

縱然　心心念念

追求　期待　擁有

幸福只是名詞

從來沒有存在過

如果　如果

你從未修心養性

如果　如果

你沒有心存感恩過

如果　如果

你沒有知常樂　修福慧

如果　如果

你只自私想著

我　我　我……

然後

不明生命的真諦是什麼

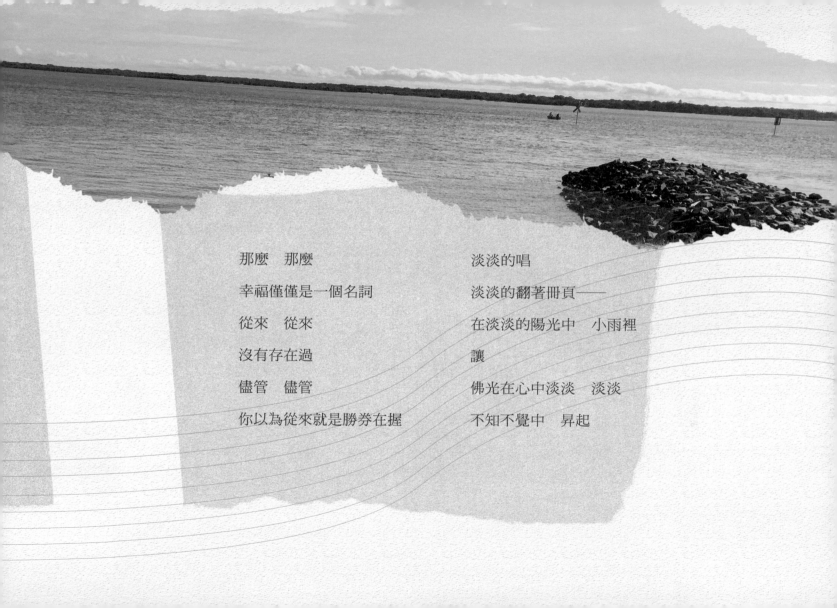

那麼　那麼　　　　　　　　淡淡的唱

幸福僅僅是一個名詞　　　　淡淡的翻著冊頁——

從來　從來　　　　　　　　在淡淡的陽光中　小雨裡

沒有存在過　　　　　　　　讓

儘管　儘管　　　　　　　　佛光在心中淡淡　淡淡

你以為從來就是勝券在握　　不知不覺中　昇起

微笑了才幸福

🎼 簡單的幸福

拋卻身心見法王，前程不必問行藏；
若能識得娘生面，草木叢林盡放光。

——明·憨山德清禪師

這是第一次在佛光山大佛座處，禮佛偶得的詩偈。
沉思中充滿感恩，一份不求自得的法喜，歷久彌新。
晨間，早起的陽光伴著雲，薄薄的灑成了一片粉橘、亮黃、
彩紫的海天。
收到遠方朋友傳來溫暖的早安祝福，這麼寫著：

不是幸福才微笑，而是微笑了才幸福。

是的，幸福是一種簡約、知足的心領神會。
是一種內心飽滿踏實的感動，自在的赤子童心。
是心甘情願歡喜的付出；慚愧感恩真心的納受。
是只可意會，無法言傳的禪心。

和世間金銀財寶的堆積，美屋華服、名聞利養的享受，不畫上等號。

雖然，這些是很實際的物質享受，誰人不喜？千古以來名利道上，多少人為此而爭執豪取？多少悲歡離合不斷、不斷上演？

然而事實證明，心靈上真正的幸福，是愈能減去人生欲執、名利、情愛、喜貪……，就愈能回歸到一片無著無得的本然風光。

世間感人的情愛故事很多，叫我動容的卻是一個再平凡不過的畫面。

約莫三十年了，那是一個拾荒的男人，瘦小黝黑，常彎腰的關係吧，背有些駝，經常拉著一台板車拾荒。

有時在巷道不期而遇，有時是在我車行中，他在街旁或打理或撿拾紙箱、瓶罐的身影快速閃過。在他的身旁身後，不論何時，都緊跟著一位同樣個兒瘦小的女人。或許是承受著一樣的日晒雨淋，兩人臉上刻畫著歲月磨練明顯的痕跡。

這麼尋常身影，在擦身而過的當下，卻每每讓我眼眶泛紅！

因為在他們相依為命的臉上，默默透露出來的，卻是無比互信互持、安定的幸福模樣！
一點也沒自感卑微的畏縮苦痛。

不管太陽下，微雨中，春寒或嚴冬都一副沉靜自若，默契十足的走在他們安分的撿拾
道途上。

每個人都在生活的轉輪上，馬不停蹄的無暇旁顧其他人事物，我也一樣。但是，如果
一陣子沒遇見他們，心裡總會暗暗關心起：是不是哪一個生病了？他們可都安好？

後來發現，板車上堆積的紙箱雜物少了，因為女人坐在車子上占去一部分空間。或是
腿力不行了吧？不過，一個是坐在車上神態自若，一個是歡喜承擔，雖然稍稍吃力的
拉著板車，卻也連連回頭關照，走在街頭巷尾中，仍舊是濃濃幸福的神情展露著，那
是一幅堅強扶持的生命畫面！

在我出國旅居歲月中，常常想起他們，也深深祝福他們。雖然至今，我仍然不知道他
們的名字，甚至從來未曾彼此停下腳步招呼過。

16

誰說貧困夫妻百事哀？那是一本不用綴言描繪，即能深深感動的生命教科書！

二千多年前的顏回，一簞食一瓢飲不改其樂，生命所承受的輕重，對他而言，是心靈富足而幸福的！

科技時代的賈伯斯，在面對一堆機器維生的當下，對人生體悟了什麼？是否也悲欣交集？我們讚許他對科技的貢獻，敬佩他富有後能捨能布施，慈悲濟世的種種善舉。

但是，生命終究的意義是什麼？是存款數字後面無止境零的添增？
是獨上高樓望盡天涯路後仍然不悔衣帶漸寬？抑或驀然覺醒，原來，「春在枝頭已十分」！這才發現從來幸福就在靜心無著處？

有一個擁有嬌妻華宅，富甲一方的富人，但是他始終不滿足，從來不覺得自己幸福。
於是，前去求請佛陀告訴他方法，如何才能擁有幸福？

佛陀於是示現，使他空乏一切，徬徨無依，然後再度恢復他原本的財富、妻妾、田宅。佛陀智慧慈悲的教化，讓他深刻感受到，在得與失，有和無間如何感恩惜福！如何知足常樂！

生命中是什麼讓你我感到幸福或不幸福呢？

就是念頭！是的，如何受、如何用，一切存乎一心。

星雲大師開示我們，什麼是幸福？

當你的人生開始學會不計較、不比較時，當下就是幸福人生。

有的人錢財不多，但是因安貧樂道而幸福安樂。

但也有的人，雖已富可敵國名聞利養，卻因為欲求更多，終日勞勞追逐，及至身心俱疲，尚不知停歇。

佛法告訴我們，人生依中道而行！

琴弦不緊也不鬆才能彈出天曲。

財富無罪，但當知須在適當的停處停，止處止，修處修。

松下幸之助曾經深深感慨過，他最大的痛苦，是高處不勝寒。因為當他被封為經營之神後，再也沒人會告訴他，敢告訴他，能教他，如何行、怎麼做。

學佛後，每當我再想起他這句話，就會想，如果他也學佛，佛法智慧就會告訴他，該怎麼做，如何行了。

人，當一息不存的當下，如若仍然不明白人生究竟的幸福是：佛在心中，法性本然。

苦苦妄想向外追尋。啊！心，若遠離了！則何處是歸程？

古德云：

春有百花秋有月，夏有涼風冬有雪；

若無閒事掛心頭，便是人間好時節。

明白了，春花自開，秋月自明；夏風冬雪好不自在，好不快活。

幸福，其實很簡單！沒什麼大道理！

心簡單了，就幸福。

茶行

🌀 茶禪香

掬一甌溪澗碧綠

浮一縷山嵐霧氣　我自在天地

從山巔到紅塵

任你採摘我青嫩芽尖

搓揉搏捻　烘焙熱淋

練就成酒紅　金黃　玉翠的詩篇

心甘情願在你口間玉潤甘醇

我沒有　沒有眷戀山的那一邊

日出日暮

伴你修行　無求無怨

任香氣迴繞你的鼻間

從身到心　在這繽紛人間

如你　如你

行者

拈花　笑了

看透　自在　放下

雖然只是一片小小芽尖

不悔力行

布施　持戒　忍辱

精進　禪定　般若

雖然

雖然只是一片小小芽尖

趙州新品

茶禪香

那日，老和尚正望著腳上的那雙僧鞋，思惟著。

二、三十幾載歲月，走破幾雙草鞋了？

那年，那個多事的學人，是該那麼一問或不呢？

回答一句：「隨他去。」

抑或該回應他或不呢？

方寸之間啊！

就因了那學人的問，

從此，僧行重重，千山萬水涯巔。

曾經自己也如此，打破砂鍋問到底：「什麼是道？」

小小出家，內心裡藏著對生命真義大大的問。

恩師南泉普願禪師，眼皮子揚也不揚，輕描淡寫的說了：

「平常心。」

是怕攪亂了那個不可說、不可說的吧。

多說了，誤了蒼生。

而他，從諗，只「哦！」了一聲。

之後，再也無問。

那年他十八歲。

再之後，二十餘載的風月無雲。

暮鼓晨鐘是心，暮鼓晨鐘不是心。

快活啊。

直至，直至哪兒冒出來的學僧，問他：「宇宙有成住壞空，萬一有一天，火燒初禪，水淹二禪，風吹三禪，世界毀壞時，我們的肉身還會不會存在呢？」

唉呀！就是那一句，就為了那一問。雲水歲月，白白花了不少冤枉的草鞋錢。

直到猛一醒來，明白了！

自己吃飯，自己睡覺。

經自己念，佛自己行，如來家自己承擔。

那是高峰頂上絕對自主、絕對安然，絕對自在清涼的寧靜啊！

從諗眼光慢慢從鞋尖移開，看著廊下陽光的方向，走來的一個人。

又是一個後進新學，自從被那騾子正巧踢了「回家的心」一腳後。他，從諗就在趙州觀音院安住下來。從此而後，求法問道的從沒少過。他隨機應心的教授來者正法。似無歲月來去的日子一天天過。

久了，人們尊稱他「趙州古佛」。

「曾經來過這裡嗎？」從諗輕問了一聲

「是的，到過。」學僧欣喜的回答。

「喫茶去。」

餘音在風中飄盪，像落葉般悄然。

「來過這裡嗎？」同樣的，再問另一個走到跟前的學人。

「從未來過。」恭敬的回答著。

「喫茶去。」

天上的雲自在如風。

觀音院後院主，不解的問：

「為什麼曾經來過的也說喫茶去，不曾經到來的也說喫茶去？」

「院主！」禪師猛不防的叫了一聲。

「喏？」院主茫然回首。

「喫茶去！」猛一喝。

當下，心，空了。

如芭蕉葉層層剝落。

無心。

平常心是道啊！

除此無他方。

千年，趙州古佛的法音，依舊繚繞風中，機鋒一如。

端憑識者知音。法門八萬四千的八萬四千……，法法通道。

一樣的窗前明月。

照亮的是「不同因緣」的心；照亮的也是「同因緣」的心。

照到多少，明了多少，自悉自曉，如人飲水冷暖自知。

茶濃茶淡是自家底事。

隨他去呢？還是探個究竟！

是什麼的什麼引發分別？

趙茶新品

有茶，有禪？無禪，無茶？

還是茶是茶，禪是禪？

抑或
茶禪一味？
行者自行自參。

粗茶淡飯，甘露法味，
呼吸尚在，喫茶去。

平常心是道
就
只是茶

喜歡茶　像人生　百揉千捻　茶湯適心
喜歡茶　百丈鋤下　心地無染　雜草無生
喜歡茶　趙州婆心　應機逗教　法門萬千
喜歡茶　似行者　任烘焙清蒸　不改茶性
喜歡茶　清風曉月　荷塘田田　蓮花潔

喜歡茶　雲靄霧氣繚繞　自在清心　如禪僧
喜歡茶　神農陸羽　青花紫砂　五千年華夏
喜歡茶　說不出原因　法緣深深　千年佛刹

喜歡茶
　　　一如禪　依舊是亙古
　　　　　　無言　　　無言　　　無言

渡

◎如蓮

輕擊的音

如此自在　如此細微

卻又如此灌耳

像初夏的雷　隆冬風雪

三更　我依約而來

金剛座前

真空妙有　無住生心

乘您的法船　　　　　寂寂密密　　　　　從此　　　　　　　寂靜　寂定

自個兒撐舵　　　　　這衣鉢　　　　　　切切天涯　十五載　寂定　寂靜

孤身隻影　　　　　　如此輕　卻又如此重　如一葦的江　　　出世入世間

划向該去的地方去　　　　　　　　　　　一壁禪影　　　　我往曹溪

　　　　　　　　　　　　　　　　　　　　　　　　　　　行佛去

靜待 如蓮

🎼 如蓮

小時候，在鄉下長大。現在回想起來，真是幸福。冬天，有濃濃年糕香，以及紅紅爐中烤地瓜的味道；夏天，樹上的蟬唱著比你還快樂的歌，唱不累似的，從曉露到黃昏；秋天，柚子皮的香加上中秋月甜甜的餅，彷彿幸福也是一圈圈的畫著；春天，粉紅色的桃花，詩一樣，不經意的長在田野園間。

曾經，當秧苗開始往上長高時。我是這般的語言堅定，要求姊夫、姊姊讓我下田玩插秧遊戲。

二姊因為疼愛而縱容著我的要求，一邊「認真的陪著我玩」，一邊讚許我「玩得很認真」，插起秧，看起來有模有樣。

當下，我歡心的笑聲，如田邊的蝴蝶一樣飛來飛去。而那

稻田和著泥的味道，至今仍然在鼻端嗅得到似的。當時腳丫子底下那黏膩柔軟的土壤，一腳踩下去，濕泥還會從每根腳指縫擠上來，好玩的奇妙感覺，彷彿現在仍然在足底。

印象最深的是，我老纏著姊姊不斷問：為什麼黑黑髒髒的泥巴會長出香香的稻子？二姊用疼愛的眼光看看我，然後有理沒理的逗著我：因為黑黑髒髒的才夠營養，才能長出好稻穀，輾成米，煮成飯，養大妳啊！好了，玩夠了，妳去田埂邊的水溝洗腳吧！先去吃點心喔！
接著便又低頭和姊夫認真的，做著井然有序插秧的活。

水田自顧自的倒映著白雲，風也自個兒吹著吹著。農忙時大家都盡力做農務，再也無暇理會一個愛作夢、愛發問的小腦袋瓜兒了。

我乖順、聽話的，坐在田埂上，腳泡在水清的田溝裡，嘴裡吃著二姊用米做成的可口點心。但是心裡還是固執的想著：為什麼這麼髒的泥土，不久後可以長出香香的稻穀？為什麼？

歲月滾滾，如指縫的沙，有痕無跡的飄灑著。「問題」女娃長大了，少問了。

多年後，偶然看到一則報導——
一粒蓮子，在地底沉睡了一千多年，偶然間被挖「覺」了。

應該是有一個和我童年一樣「異想天開」的人吧！培植了它——可會再開一朵蓮？
一千多年啊！是漢唐？是兩宋？是哪個佳人才子遺留下的深情？抑或修行成佛路上相互的許諾？
因緣，讓它重回人間，在不期待又被期待的某個時空上，它，再度展現生命冒出了芽！
活生生的生命啊！沉寂了一千年的固執，它再度奮力展現了，屬於蓮的特質！

漆黑黑的泥炭層，也用了它多氧的地層，剛好的濕度、氣溫……一千年守護。
陪候守護著蓮子，堅守著生命力中的空氣和水分，靜靜的等待著千年後的緣分成熟，
陽光燦爛，生命再度伸展，長成荷葉田田，淨蓮花開的剎那！

佛說：不可說　不可說
微笑著是　那朵花
沒有時空　沒有距離
發了心的菩薩
慈悲智慧　願行

種子　在心裡
身心端坐如蓮
高峰　路遙不遠

迦葉　在微笑

在晨光中

父愛

晨光中　　　　夕陽裡

露珠晶瑩清新　　晚風吹散熱惱

宇宙多麼亮潔　　溫暖每個家庭

別傷痛

嫩綠浪漫如花

別惋惜

只要心甘情願

季節美麗

柔順飄舞如詩如畫

此身是幻　業染是假

是非無我　忍忍就過去了

煩惱無明　化化就不見了

安然自在飄逸

悟假修真

一期一會

有緣即應

道法自然

讓憂傷隨風而逝

四季更迭　成住壞空

我心湛寂

坐觀緣起

不平凡父愛 · 之一
我的爸爸
🎼 父愛

首先，誠心敬意，將這首〈父愛〉獻給佛法僧三寶！感恩佛法僧三寶！

——

娑婆世界，有了三寶，千年暗室才得以心燈通明；
五濁惡世，有了三寶，才幸得「智慧之父」庇護、領航。

其次，獻給天下偉大的父親們。

——

感恩您們，在珍貴的一期一會裡，
不同因緣中所展現出，每一份不平凡的父愛。

生命因為三世因果，不斷的輪轉著不同的章篇。
而我，這期會中，用深深真摯的心，感恩爸爸留給我的人生課題！

小時候，這份血濃於水的稱呼，很遠！有遺憾的生澀。

「十七歲 雨季不再」是作家季季的一本書名。
我的心境也在十七歲那年，梅雨季不再來。

生命是一連串的宴席，每一道菜上桌，酸甜苦辣，端依個人如何用心品嘗。

「爸爸」曾經是我生命中的痛、無奈，那是一個無能為力掙脫的黑洞。
漩渦似的掙扎，媽媽的心酸苦痛，小小年紀的我跟著媽媽揪著心皺緊眉。
存在的舊社會的無奈，讓爸媽童養媳的故事上演著，親似兄妹的感情，是造成夫妻情
緣淡薄的主因。他們的感情，沒有誰對誰錯的問題，只是因緣如此啊！
只是那確是一道無解之題，曾經是我成長中不可掀開的痛！

雖然「十七歲 雨季不再」，但真正理解釋懷，則是在三十六歲那年學佛之後。

因緣法，讓我明白——

順緣逆緣都是佛緣；順境逆境都是佛境。

凡事心存感恩，世事看淡，自然心解意寬。

大師曾開示，「好的，不一定是好；壞的，不一定是壞。」

童年，因為缺憾，和媽媽的心更接近！

因為失去，更懂得惜福；因為遺憾，更懂得惜緣。

因為早嘗無常，學佛之道，遇緣即入，深信不疑！

因為從小就知道感恩逆境，得以練就一身「功夫」，

有勇氣和媽媽一起面對問題、解決問題。

學佛後，之所以一契入《金剛經》就法喜莫名；之所以能觀起心動念，而隨時懂得慚愧感恩；之所以不忘初衷，而謹守一師一道；之所以能稍識達觀禪趣，淺嘗不為物役之縛的禪悅。

皆起因於爸爸早早給的人生功課，讓我知苦但不怕苦，識樂而不羨樂。

明確的依著在心眼前的那盞明燈，勇敢承擔，努力生活。

所以，愛與無愛；緣與無緣。都是參悟的營養，體解的資糧！

人，要不怕考驗，生活幸福自然而然。

成長後，感恩佛菩薩賜給了我一個，如藍天、如高山、如瀾海、如大石沉穩的「新新好男人」——兩個孝順兒子的老爸，我的同修楊史邦。

二十五歲那年，我擁有一個小小而溫馨的家；和有一個大大的「爸爸」，維護疼惜著全家。他從不喊累喊厭煩，總是談笑風生，聰明善良、陽光進取。

我們一家在「可愛的爸爸」大手牽小手下，一起勇敢的、幸福的走人生路！

尤其，學佛後的「爸爸」，更是放心、放手，讓一家人身心安住的，跟著佛菩薩學習慈悲智慧的人生。

雖然，各自仍然有待修修剪剪的習氣。但是，二十餘年來，是奉行人間佛教的佛化家庭。全家也因為感懷佛恩、父母恩、師長恩、眾生恩，而能互相砥礪、提醒，修身養性。

努力，朝著大師明示的三好、四給、五和、六度的真義，勤勉力行。我們心中明明白白，清楚此生，除了禮佛、學佛、行佛，別無他事。

因此──
日子簡單過，簡單過日子。
心，愈來愈簡單，法喜就愈來愈鮮明。
幸福，自然而然！

不平凡父愛 · 之二
我的公公 我的父親

父愛

我站在二樓,倚著陽台牆面望向樓下廣場,等待一襲長衫的滿益法師前來。

中午,在惠中寺不期而遇。

師父為中華佛教聯合會成立,忙著到各寺院拜的當下,他仍說:一定得抽空、專程去台中殯儀館,向老菩薩靈前拈香,祝禱老菩薩往生佛國淨土。

身邊的公爐熏著熟悉的故鄉香火味,每一炷香代表著無限的思念。

親人啊!怎麼一轉間,靠的只剩這飄煙中的聯繫?
所幸身為佛光山人,真的處處都承受著溫暖的道情法愛!
師父們總是如此慈悲關懷、照顧信眾。
當常住一知道公公往生的消息後,從星雲大師的親筆墨

聯，到慈容師父、心培和尚、依來法師、慧龍法師、慧傳法師、覺培法師、覺居法師、覺善法師……師父們，都不辭辛勞的，或電話、或到靈前上香、或帶領、協助佛事如法圓滿……助我一臂之力。

無不讓同修和我及家人感動、感謝、感恩……到無以言喻……感謝關心我們的法師們。

雖是午後，暑熱仍然趕在秋風之前肆威。

民間想法，總是一心希望在農曆七月前，圓滿親人最後一程。因之，不管揮汗或揮淚，個個認認真真、誠心誠意在禮儀師帶領下，如儀行事。廣場上，一隊一隊的禮車、跪拜、送行；禮車、跪拜、送行；禮車、跪拜……

一幕接一幕，如螢幕情節般上演。

啊！這大舞台！生和死，是同樣隆重登場的！

來與去，喜與悲，只是過程，並無生離死別的界線！

往生——

這方送往的剎那，或也正是他方迎生的當下！重點只在每一個靈識，如何修得清楚明白。知道淨土歸鄉，知道佛菩薩去路！

二〇一五年六月二十日，每週六的溫馨熱線，同修和公公聊得正起勁。因為颱風大雨的緣故，視訊那頭公公表示為安全起見，台中山岳六月初停辦二次登山郊遊活動。

「也好，反正腳正患點痛風，乘機休息一下。」九十一歲的他仍表示，只要雨勢減弱，他照樣會開車去國美館綠園道散步，活動活動筋骨。順便上去新居，看看門窗可有關妥，陽台可有因落葉而阻塞等等。

言音中氣十足，思路表達清楚，只是和同修長話家常中，偶爾傳出一兩聲痛風抽痛時的呼痛聲。「唉呀！唉唷！」

同修和公公約好，將請一位頗通醫理的好朋友——莊經理前往了解，並且傳授一些日常保健重點，公公欣然接受。並且告訴遠在黃金海岸的我們：小事一樁，不用太擔心，已經吃了藥，痛痛就過去了。

六月二十八日星期日，如往常，我們正在黃金海岸中天學校，為佛光山海外兒童的中文教育擔任義工職責，突然接獲公公來電，告知腳腫痛得很，行動困難。
當下，我們只是心急他老人家「痛風」辛苦，並不知道事態嚴重。

直至二十九日上午，大哥的牙醫師女兒念珊陪阿公掛急診，經醫生建議住院，詳細檢查後，才知道公公的腫痛已經不是單純痛風，而是不知原因的黃金葡萄球菌感染，引發左膝蓋及右肩骨化膿，並且連帶喉嚨也感染了。於是，一連串的住院、口服抗生素、打點滴，二十四小時專人看護……全部起動。我們總以為八天、十天後，阿公又可背起背包說：出發了，登山去！

從五十五歲退休到九十一歲高齡，除了婆婆重病的二年多間，公公幾乎寸步不離的陪伴婆婆外。公公和婆婆海內外爬山旅遊的山岳數，已經超過一千多次。

公公歷任台中登山會公益職　，副會長（其實老早大家就要推選他當會長，公公不約而同的相契星雲大師的「老二哲學」理念，總是謙虛的說：竭誠當副座輔佐即是。）、理事、嚮導、財務、年刊主編、日文翻譯、大會主持……，日子過得健康、明朗、愜意又充實。

尤其與婆婆鶼鰈情深，一邊享受天地山水風光，一邊共同寫文章、投稿、編特刊……早晚定時散步運動，每週日兩老一大早便背起背包，登山去！
我們的幸福，一半以上是因為有他們的健朗、獨立自主的愛與智慧，而安住快樂的。

大姊遠在加拿大多倫多，我們則在八千里外的澳洲。移民，雖然獲得公公、婆婆的同意與祝福。但是固有傳統優良文化仍然根深柢固的在內心，「父母在不遠遊」的訓誨

總也一再提示旅居的我們。所以每年他們來黃金海岸共住的日子，就是我們一家四口的大日子，準備過年般的歡欣與慎重。

他們到臨之前，一兩個月開始，從粉刷、油漆、整理花園、買寢具、新衣、飲食起居、「瞎拚」、旅遊景點、中天寺活動參與……能想的、能做的，全家總動員！樣樣用心準備安排。是想，每次每次的不同變化讓他們驚豔和開心。

一到澳洲，兩個就進入中天寺學佛的孫子，在日常生活中自然而然厚道、孝順的用心，尤其得到他們百分百的稱讚和肯定。也曾一再向中天寺「老住持」依來法師致謝，感謝佛光山中天寺、中天學校師父、老師們，共同關懷、教育著海外子弟，使其穩定學習與身心健全成長；同時對星雲大師所培育出來的慈悲智慧的優秀僧才更是大為讚歎稱揚。

事實上，要獲得他們既是具了一定的學識水平，又一向自我規範、持家嚴謹，再加上年少時，受日本權威式教育的老人家的認同，實在是件不容易的事。也因為這份不容易，他們能由親近三寶、相信三寶到皈依三寶，就顯得彌足珍貴了。

他們從來不信任何宗教信仰、民俗，一直到旅居澳洲時，跟著學佛的兒、媳、孫子親近佛光山寺院，並且歡喜參加活動，如黃金海岸淨灘健行……，並多次在布里斯本中天寺、黃金海岸佛光緣、佛光山中天學校，上台講演以「登山樂」為主軸，而延伸分享登山知識及人生哲理。

直至在他們八十四、八十五歲時（公公大婆婆一歲），到台中惠中寺皈依佛門。啊！這輩子能引導兩位老人家學佛，可說是同修和我最最最法喜感恩的事情。

再次感恩諸佛菩薩，感恩三寶！感恩大師建立的佛光道場、人間佛教！佛陀說人要相互感恩、慈悲對待，因為都曾經互為多生父母、家人或兄弟姊妹。

在緣起性空，法爾如是的大宇宙宏觀中，所有人事物都環環相生，沒有單一存在的。這輩子我們有這輩子的親生父母、兄弟姊妹、親朋好友。但，上輩子，再上輩子呢？下輩子，再下輩子呢？

學佛後，讓我們明白三世因果，讓我們懂得內觀，讓我們明了慈悲與智慧，讓我們學

習尊重與包容，讓我們力行共體與共生的真諦，讓我們努力學習，如何落實人間佛教。儘管仍有許多習氣待修剪，但是我們在大師感召下，有心一同朝人間淨土努力修行！

因為如此，學佛後的能量氣度在擴張，婆媳之間、翁媳之間，因為同受三寶加被，一步步的轉成為如親生母女、父女般的自然溫暖。

及至於，一個為人媳的我，可以冒大不敬之責，和公公、婆婆笑談嚴肅的生死大事，可以談在那個當下來臨時，如何從容面對、如何安心念佛、如何……如何……盡力做得如法。

之所以記下這段，是希望提供給要用心度家人學佛，尤其是父母尊長，仍然有阻礙的同參道友們參考。

如同大師開示，推行的三好、四給、五和。人成即佛成，一切由自身做起，只要老老實實學佛，身體力行，終有一天水到渠成，有朝一日家人尊長們，一定有學佛得度的因緣。

公婆回到黃金海岸家時，曾帶著婆婆參加澳洲友人的服裝秀宴會。由於我們都長得「粉圓滿」，我的衣服婆婆愛穿哪件，就穿哪件，一起變裝秀，玩得不亦樂乎！

每次分離，不管是在澳洲或是台灣再見面，都可以和八、九十歲的公公、婆婆「哈葛」一下，親切擁抱。

去年，我回台時因身體不適，九十歲的公公每天早上熬藥給六十歲的媳婦喝（因為舊居四樓廚房已經拆除不用，公公住三樓有廚房設備。）。每當早上我急急下樓時，公公都說他已「順便煮」好了！

為此，我還欠公公「報導」此感人故事的稿債一篇呢！所以，我說：我的公公，我的父親！

七月二十日，依來法師和中天學校陳秋琴執行校長，以及中天寺功德主玉瑛、月友、麗娟師姊們，前往醫院探望公公時，我們也立即「無距離」視訊，來師父稱讚公公講話中氣十足，腦力思惟清楚敏銳；同時，還告訴師父，他已經打好腹稿，出院後還有四篇文章要再投《人間福報》。他老人家之前已經陸續在《人間福報》上投稿五篇了，開心的打電話到澳洲，告訴我們：「我將稿費再捐回《人間福報》喔！」語音中充滿法喜。

大概十幾年前，他也因為一篇在《中國時報》刊登的「我被潛水艇追的日子」，榮獲星雲大師邀請，去台北道場參加大師主持的作家座談會。這份榮耀，是他生平津津樂道的！

在病房中也接受日本記者採訪，一位一〇六歲日本老師，向台灣台中烏日國小，尋找九十歲左右，一群當年「可愛的小朋友們」（九月九日《人間福報》也專題報導，由林嘉龍市長促成的中日跨國師生視訊。），這是公公文句見報（日本）的最後一次。

經過醫生們慎重考慮後，手術發炎腫脹的部位，並且成功手術順利治療。終於，七月二十三日，醫生通知可出院了。

於是，專業看護、幫傭及大姊高高興興的把爸爸帶回來綠園道新居。

我們也將於八月一日清晨回到台灣，「接班」繼續陪公公復健，計劃除了陪他喝茶、聊天、看《人間福報》外，就是陪他完成他想完成的文稿（原本公公住院時，同修就開始訂購機位要回台，因為大姊八月初加拿大有既定的行程，所以姊弟倆商量好，姊姊先回國，弟弟後陪伴，如此一來，就可以拉長海外子女回台陪伴的時光。）。

沒想到七月三十日，我們回國的前一天下三時左右，公公又被救護車送進急診室。他的一顆我們最擔心的「定時炸彈」──十二公分大的動脈瘤破裂。

六點多宣布腦部因大量出血，缺氧過久，急救無效。及至以維生設備護送他，回到他和婆婆起共住數十年的家中，八點五十六分拔管，在大哥、大嫂、大姊、二嫂及孫子輩陪侍中，公公安詳往生。

九十一年的生命會期畫下句點。

佛光山副住持慧傳法師在八月十三日，公公莊嚴的告別式佛事後開示：「《尚書‧洪範》中說人生有「五福」：一曰壽，二曰富，三曰康寧，四曰攸好德，五曰考終命。」

老菩薩年輕受高等教育，在那時代是非常難得的；學成任台糖高職，之後還自行創業；不但身心康寧，又廣學博聞；且富貴長壽，熱心公益修福修慧；更珍貴的是福德因緣具足，晚年皈依佛門，九十一高齡安詳的在佛號中捨報往生。楊老菩薩的一生，就是「五福臨門」的最佳寫照！對人生具有極大意義，足為楷模！

這篇文章是公公滿七的日子時，在四十九日來家中佛號聲不斷中，對所有人的感動與感恩，也是為完成公公要再投稿《人間福報》四篇文章的心願而寫。

願

🌀 慈母心

生命是過程

風華過後

靜寂

回到母親大地

孕育　另一次

和您相遇

行佛　行佛去

酸甜苦辣　嘗過　　　因為有您

悲歡離合　走過　　　這一生　沒空過

生老病死　成住壞空　下輩子

自然律　　　　　　　仍願綠葉枝頭

不疑　不懼　　　　　菩提成蔭

　　　　　　　　　　和您

　　　　　　　　　　行佛　行佛

白玉苦瓜

慈母心

58

人，生也無涯，但，會會有期。

在常與無常，緣起緣滅的流裡，這一會期和媽媽緣深。

出生在東部大武山下，記憶中有著敦厚的山，清新的草木散發出山的氣味；成長在西濱，新竹縣紅毛港的小村莊，那兒有蒼鬱蟬鳴的木麻黃，偶爾風中也飄來大海特有的消息。或許出生、成長在有山、有水的地方，自然而然，我些許帶著山的安靜、篤定，水般的承擔、浪漫。單純中卻又經常似有似無的，露著一股淡淡流浪、早熟的善感。

童年，經常望著天空沉思，彷彿那無盡的藍，是心隨著雲飛的方向。

冬日早晨，不熱不火和煦的陽光；春天的聲音，在梅雨的屋簷下滴答的交響著；火紅的鳳凰樹，燒熱了一校園的夏

天；甜香的柚子皮，皇冠般戴在頭頂上，夢幻的時光有秋月朗朗相伴。

大自然以四季的變化，豐富了我清寂的童年。由於年齡和姊姊們的差距大，童年幾乎是一個人孤單成長的歲月。

媽媽說我是個惹人疼惜的小女孩，大大眼眸下有著淡淡的笑容，承受了阿嬤、媽媽、姊姊以及師長們……，許多許多的關愛呵護。

只是，眉心總有展不開的心事——

那是一個缺了一角的圓，一個陪著媽媽流淚，缺乏父愛受傷的小小心靈！

每個人生來，都背負著前世的業因果報，有著今生的功課，須要更好的習作，然後再懷著理想、願力向更圓滿的來世一路行去。

不同的年代，都有著屬於那個年代悲歡離合的故事。有人經歷戰火，離鄉背井顛沛流離，有人……。而媽媽是受舊社會思惟牽扯出辛苦的人生，她是被錯抱了的童養媳！

一個人的命運，就在那一擦肩中改變。當祖母到外婆家抱養的當天，主角——小媽媽一歲的阿姨，正在睡覺，而一旁白胖漂亮，逗人喜愛靈巧的小女娃，就這麼在說也說不清的緣分中，被祖母抱回家。從此，二歲的媽媽，做了比爸爸小三歲的妹妹。

「兄妹」一起在有著幾甲田園和兩艘漁船的大家庭中長大。
父親單名「紅」，媽媽叫「粉妹」。或許，是當年算命先生善意取來相配的名字。
但是紅粉佳人式，恩愛羅曼蒂克的婚姻並不存在他們之間。「送作堆」奉父母之命的婚姻中，「兄妹」倆應該是互相都不適應「夫妻」身分的確定吧。
在大姐、二姐相繼出生後不久，父親就藉著隨家鄉友人一起出外學習做木料生意的理由，刻意從海的這一邊新竹，去到了遠在山的那一邊——台東大武。從此，音訊渺茫。

媽媽每日以淚洗面，一肩數挑，一邊孝順親如父母的公婆，撫養女兒；一邊水田、菜園、漁獲……，所有原本屬於男人工作的事，她都上山下海勇敢承擔、任勞任怨、克盡本分。
以致於過度的操勞和壓力，導致造成往後年歲高時，身體病痛的根源。

當祖父病危之際，請來家族長輩交代：「粉仔是我的好媳婦也是好女兒，紅仔對不起她。告訴我的兒子，一定要一家團圓，善待粉妹！」

祖父走後，祖母帶著媽媽、姊姊和長輩責勸離人回頭的信，翻山越嶺的從新竹到台東。

媽媽的美德，祖父往生時的親情告誡，讓父親有了浪子回頭的誠心。

我和妹妹，就在媽媽一生最快樂幸福的日子裡，出生到人間。

尤其是我，媽媽說我是在端午節晨光乍現的當下，毫無辛苦到媽媽，乖乖的順利出生。

一直是全家的明珠寶貝！誰看了我都疼愛著。

但是好景不常，爸爸又走了。

含著淚，媽媽帶著我們姊妹四人，從山的那一頭回到海的這一邊。

那年，我四歲，帶著記憶中的山和長長的溪流，隨媽媽坐上那一轉再轉的月台，哐噹、哐噹，嘟嘟響的火車，落寞的回到家鄉。成了一個家裡沒有爸爸的孩子！

那段清寂歲月，我用媽媽的擔當、媽媽的毅力、媽媽的勇氣、媽媽身兼慈母慈父，處

世持家的規矩方圓，做為生命成長的養分。陪伴媽媽一路感恩珍惜，在風雨中努力、認真生活！

直至十七歲那年，雨季不再——
我像是忽然明白了：
「感情的事，沒有所謂的對與錯，問題是出在緣深緣淺吧？媽媽和爸爸兄妹之情一定大過夫妻之愛吧？
爸爸一定不是無情，而是不知道如何面對他的婚姻，只能選擇逃避現實而離開我們吧！」

於是，陪著媽媽起伏了十幾年的悲苦，任它抖落了一地，再也不想拾起。
從此，勸導媽媽看開，看淡。一心一意做個孝順的女兒，希望媽媽能快樂再也無怨。
那一年，學校旅遊去中壢圓通寺，記憶中在紅紅的圓柱上墨黑的字寫著：「若見諸相非相，即見如來」。我似懂不懂的，但認真想著、想著……。

及至皈依佛門，對因緣法的體會更進一層，在一遍遍的《金剛經》、《心經》唱誦中，

心中有條耀耀明亮的大道正悄悄、悄悄的延展著……。

我曾用「白玉苦瓜」的白淨苦甘，形容媽媽在崎嶇的人生路上，活出她甘味無窮，辛而不苦；孝順、慈愛、厚道、堅強、志氣的人生！

對於父愛，我早已不再遺憾。對於父親，我有著另一番深深的祝福與體悟。
感謝他用「另外一種慈愛」，給我們歷事練心。讓我們習作、圓滿一道道人生課題。

尤其皈依佛門後，更珍惜、把握以本性禪心，體行〈佛光四偈句〉——
「慈悲喜捨遍法界，惜福結緣利人天；禪淨戒行平等忍，慚愧感恩大願心。」

——謹以〈慈母心〉，感恩今生以及多生父母，感恩他們生育、養育、教育之恩。並且功德回向他們在蓮邦淨土，精進修行佛法，生生世世發菩提心，行菩薩道。

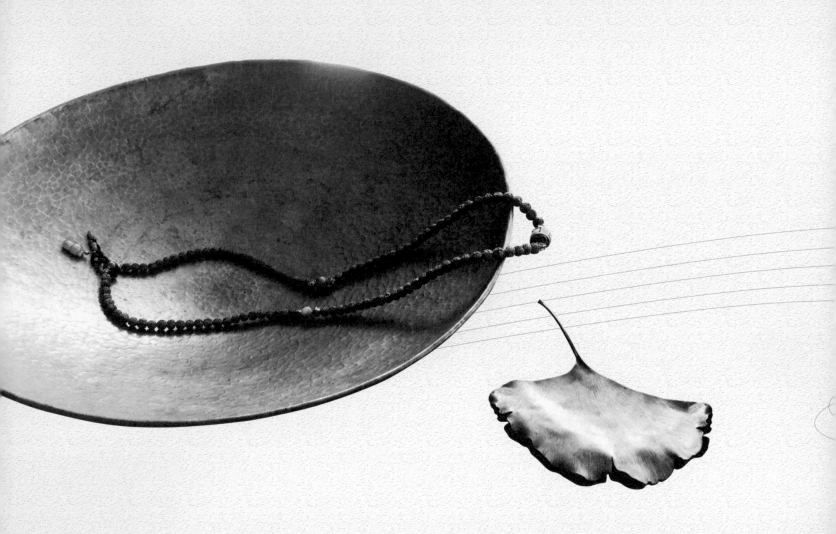

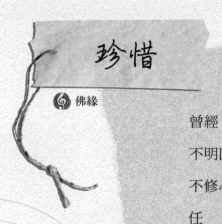

珍惜

佛緣

曾經

不明因果

不修心佛

任

貪瞋癡慢疑

滋生蔓養　以致於

流浪娑婆

酸甜苦辣　悲歡離合

嘗盡看遍

何期幸

聞佛法　明心性

驚覺醒

惜福、惜緣、精進

修心修身　修人我

勸世道

生命短若夜霜朝露

修行猶恐不及

何來相煎相擠

愛花尚得連盆

砍樹還須惜根

花落猶護枝椏

生命短若夜霜朝露

要珍惜

莫輕度

菩提心發

🎼 佛緣

經云：云何念眾生恩。謂我與眾生。從曠劫來。世世生生。互為父母。彼此有恩。今雖隔世昏迷。互不相識。以理推之。豈無報效。

平日誦經、禮佛回向，除了〈佛光四偈句〉之外，也在心底深處，真真心心、誠誠懇懇的默誦回向——
願以此功德，莊嚴佛淨土，上報四重恩，下濟三塗苦
若有見聞者，悉發菩提心，盡此一報生，同生極樂國。

小時候讀《魯賓遜漂流記》，曾經嚮往那種，獨立中夾帶著蕭瑟的浪漫；冒險裡卻又嘗盡流浪的孤寂……。
小小的腦袋瓜，總幻想自己有一天也能乘著風獨自去流浪

的「壯舉」。

但終究，一甲子歲月中，連自己獨行遠飛的紀錄，十根指頭數不完。更不用說，真的去浪跡天涯了。

雖然曾經，因為戀愛櫻花隨風飄落的浪漫，壯著膽子，獨自飛往傳說中楊貴妃香塚長眠的國境，以一片繽紛花情席地，飲餐那一季美得過分的絢麗。
也曾經，在移居南半球，舉世聞名的黃金海岸十餘年之後，某個早晨，懷著一點心虛、一點勇敢的，「告別」了家人。
──搭上公車去「流浪」，並一路吟唱著〈浮雲遊子〉這首民歌。在微風的陽光中「體驗著流浪的淒然」！

只是啊！這段美麗的旅程，功敗垂成。因為，半途又被不放心我獨自去「冒險」的同修攔截了！

人，終其一生，不管你怎麼活，怎麼想，怎麼作夢……。其實總離不開人群，離不開親人、師長、朋友……，乃至社會、國家。至於和周遭有情、無情的互動互助都是環環相扣；生命的生存鏈是相輔相成的，這是一個同體共生的宇宙。從食衣住行、教育、娛樂；物理面到精神體，誰都無法遺世獨立而活存。誰也跨不過這個因緣的環扣。

學佛後，體悟到，在宇宙本體時光的流裡，其實並沒有所謂前、後。因為每個當下，即是前也是後。實相不生不滅、不垢不淨、不增不減；橫遍、豎窮的三世因果循循環環，到底是雞生蛋或蛋生雞呢？

佛說：所有男人，都曾是父母兄弟姊妹朋友；所有女人，亦也曾為父母兄弟姐妹朋友。終究，男男女女無相，歲歲月月無痕……。我們所親近愛執的、所親疏分別的，都只是緣於自己的念頭而已！

是故，紅塵勞勞中，當悉發菩提心，感恩眾生互為因緣，力行利益大眾因緣事。

窗外的天

自在如風

窗外的天　藍得徹底

雲來　有時是綿綿白絮　也會麗若七彩仙縷

有時是昏天暗地　也有時風雨飄逸

雲去　天蔚蔚然　海藍藍的

空了一片　了無思緒

更惹得那團火兒

無處去　無處避

須獨個兒理出自然真諦

啊　緣來緣去

常與無常

看你存的啥心意？

是否能　是否能

活出一番自在天地

風的心
世路自在

自在如風

楔子

「世路如今已慣，此心到處悠然」。

風的心　無著
如
浮雲遨遊
東西南北　中

在
紙鷂線上　漫舞
上下左右　虛空

隨緣

依依楊柳　杏花紛

荷香梅雪　野雁鳴

古今　春夏秋冬

「風吹疏竹，風過而竹不留聲。

雁度寒潭，雁去而潭不留影。

故君子事來心始現，事去而心隨空 。」──《菜根譚》

這是我一向喜歡的詩偈。

人生，

風，來了。

用慈悲與智慧，歷事練心；

得失、進退之間，榮辱不驚。

風，走了。

若疏竹自如，不著不拒；

任他雁來雁飛，寒潭無懼。

佛說：「煩惱即菩提。」

清淨無染的蓮，成長於汙泥。

六祖說：「不思善，不思惡。」

便能見到和佛性一如的「本來面目」。

第一折

當年，二祖慧可在冰寒的雪地徹夜長跪。

「那顆煩煩惱惱的心，如何自在？如何將心安之啊？」

「將心拿來！」達摩當頭一棒！那喝，如暗室明燈，春雪初融！

「了不可得！師父⋯⋯」

禪，是力行實證。從他處求，了不可得。

於是，雪地的白，染上了為法赤誠的鮮紅。

從此，心的風，自在。

從此，無心可安。

從此，豎窮橫遍，無阻無礙。

第二折

是佛印提的字惹事，蘇東坡渡江的風，拂吹千年不止。

蘇東坡提著氣　過江去

兩個字

就為那兩個字
兩個字

已是無風的夜
都已是八風都無的夜
怎捺不住　那兩個字
的氣

是佛印多事
惹得他　蘇東坡
過了江　提著氣
那八風敵不過的氣

呵呵笑啊
笑翻了　蘇小妹

第三折

是晏殊、柳永、辛棄疾聯手，讓王國維在燈火闌珊處悟得。

「昨夜西風凋碧樹，獨上高樓望盡天涯路。」——北宋・晏殊〈蝶戀花〉

「衣帶漸寬終不悔，為伊消得人憔悴。」——北宋・柳永〈鳳棲梧〉

「眾裡尋他千百度，驀然回首，那人卻在，燈火闌珊處。」

——南宋・辛棄疾〈青玉案・元夕〉

他引用了三位文人的詞，象徵人生奮鬥過程的三種心路歷程。

從西風下的天涯，到驀然回首。

何等境界，王國維自是了然知曉。

尾聲

人生，冷暖自知。

風大風小，有風無風，

只要觀心自在了。

什麼時候回首，

佛的慧炬，都在。

從未離你遠去。

心燈

眾生恩

心燈在前面引路

不管是徬徨無依　煩惱無明的時候

不管是意氣風發　忘記自己的時候

心燈總會在不遠引路

這人生　也許風風雨雨阻擋不住

這世間　也許是是非非流言四處

行路的人啊　自性常住

心無罣礙　無有恐怖

不顛倒無助

放心　放心向前路

三寶是甘露

慈航法舟度眾到光明處

心燈總會在不遠處　引路

佛緣不思議

眾生恩

人生 ，成長過程中，處處驚豔，處處感恩。
今晚，我在燈下和您分享我的佛緣——

幼年時
我的佛緣，其實很早。
那年四歲，經歷了一個不可思議的歷程，第一次遇到了佛
菩薩。
其實，如果按照西洋曆算法，才足三歲。
根據媽媽敘述，我是個聰明、聽話，漂亮的小女娃。姊妹
中我獲得最多家人、親友的疼愛。
但世事多變，爸媽夫妻緣薄情淡，媽媽須帶著我們從東台
灣爸爸工作處，返回西海濱故鄉定居。

隔著中央山脈的東、西台灣，有如天涯海角般的遠。

從東部搭火車回西濱，須在枋寮火車站轉車。因為媽媽兩手都提了許多行李，只能慎重的提醒我，小手一定要牢牢的牽著媽媽裙角，乖乖的跟著走。
我們下了原先坐的火車，跨過了月台，準備再踏上另外一列等待繼續行程的火車。

但是，我突然感覺到媽媽不是領著我上火車，反而是遠離火車……
一邊緊握著媽媽的裙角，一邊不解的跟隨著，一直走到月台終處斜坡，接著又走上鐵軌了。我從側後方繞到媽媽正面問道：媽媽，我們怎麼不坐火車了？
就在我向上望著媽媽當時，卻緊張的發現，「媽媽」是一個陌生但漂亮的女人！穿著一身很高雅的紅花合身長洋裝……。

那段不尋常的遭遇，我的記憶就停止在發現我緊跟著的人，竟然不是媽媽時。
之後，怎麼再度和媽媽會合，完全是後來聽媽媽描述。

媽媽說，當她上了另一列火車，把手中沉重的行李放下，轉過頭要牽我一起坐上座位時，才發現，原本緊抓著裙襬的那隻小手，竟然不見了！
「我的心肝寶貝呢？」驚慌的媽媽頓時眼前一片昏黑，天塌下來似的，開始瘋狂的每

一節車廂尋找，大聲的呼喊著我的小名。

當汽笛再度響起，顯示火車已快啟動時。媽媽絕望極了，在那個當下，思緒千迴百轉，心急如焚，自責自怨：

「我怎麼這麼不小心？比自己的命還重要，疼愛至極的小女兒，怎麼一下子就不見了？如果火車開動了，而還沒尋找到，我就跳下火車，也不活了！觀世音菩薩！觀世音菩薩！請您趕快幫我找到我的心肝寶貝啊！觀世音菩薩！」

在火車的汽笛一聲排快一聲的當下，媽媽口中喃喃的求著觀世菩薩，雙腳發軟，整個人魂都沒了似的……。

就在幾乎絕望當下，突然一個外省伯伯，用很生澀的台語一邊問媽媽，一邊手比著我的身高，又拉著媽媽看月台相反的鐵軌上，一個小女娃正疾走到火車門邊哭著叫媽媽，媽媽一看是我，馬上雙手合掌，直點頭。

就在火車開動分秒的當下，外省伯伯一把從深深的車門外拉起我，交給全身已虛脫的媽媽。

媽媽接過我緊緊摟著，直感謝觀世音菩薩保佑。待回過神，要讓滿臉眼淚的我，好好

感謝好心的伯伯時，伯伯已不知何時離開，不見身影了。媽媽一直說，伯伯一定是觀世音菩薩派來相助的，我一定是觀世音菩薩救回來的。

一回到故鄉，就和祖母趕緊帶著我去禮拜觀世音菩薩，感恩菩薩及時出現，救了我，也救了媽媽。並且求了一枝上籤，恭請觀世音菩薩收我為「契女」，拜託觀世音菩薩繼續保護我平安長大。往後，只要有機會就帶我去拜拜，謝謝菩薩保佑我平安成長。大概是一直到十二歲，才依著民俗禮節前去感恩還願。

啊！母親的心就是菩薩心！這是我第一次佛緣。

少年時
稍長，十三歲，為詩善感的年紀，偶然在一篇章句中讀到：
「我不入地獄，誰入地獄。」
「地獄不空，誓不成佛。」

這樣應世大無畏的句子，出自於地藏王菩薩的大承擔誓願。當下令我熱淚盈眶，那是我第一次被佛菩薩大心量、大擔當所攝攝，激發了我日後行事，有捨我其誰的使命感，彷彿血液裡流淌著「俠氣」般。這是我第二次打從心裡尊敬著佛菩薩。

梅雨季節的十七歲，參加學校春季旅行，中壢圓光寺庭院有雨絲般的禪味。
在那個什麼都想，什麼都不想的年紀，大家對佛菩薩並不熟悉，只是由衷的心存敬意。
參觀時，首先引發我注意的不是大殿裡的佛像，而是大紅圓柱子上寫的一行墨字：
「若見諸相非相，即見如來」。

當下，一道霞光閃進入了心湖。觸動之餘，隨即牢牢背記入腦海。但因為當時年少不知出處，對這句似詩非詩的句子，若有若無的沉思多年。
及至日後有因緣皈依星雲大師學佛，在中天寺第一次讀誦《金剛經》，再度和「這位老朋友」重逢時，彷如他鄉遇故知的興奮，也更加進一步熟悉、認識這位「老朋友」了。

──那是惦記多年的經偈啊！

中年時

那年三十六歲 ，舉家從北半球移居南半球。

約定好似的，一根佛緣的線，拉回了累劫在生命的流裡飄行流轉的風箏！

——因為要領回巧緣海運和中天寺建寺建材併櫃的幾箱書籍，我們一家走進了佛光山中天精舍。雖然是我們第一次直接面對面出家師父，竟然一見如舊識，說不出的欣悅。並且從晨午暢談到黃昏，一家人才依依不捨的離去。

從此，佛光山是我們的家，是法身慧命的家。是永遠留一盞燈照亮夜歸人，溫暖光明的家！

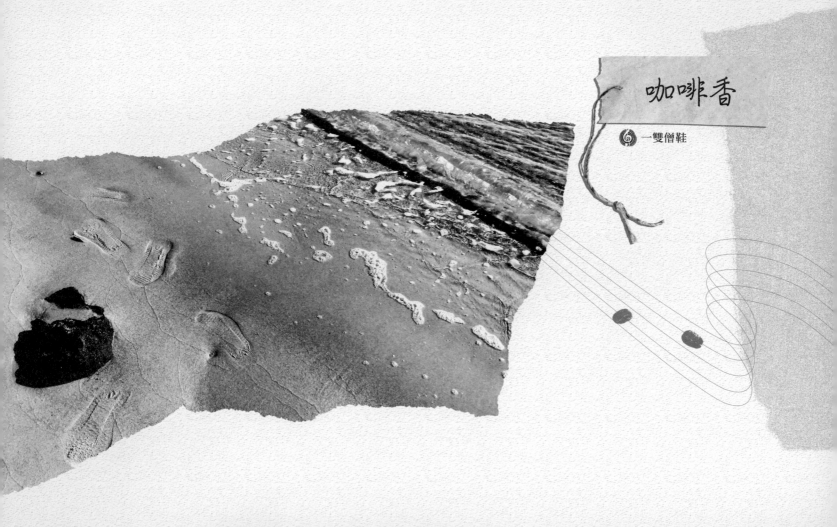

咖啡香

一雙僧鞋

淡雅

似香榭大道樹芽尖的晨光

醇香

獨特的風味

是誰送來　伴心禪悅

從上世紀再上世紀

飄過藍天　越過海洋

穿越大地

如是香醇　呢喃東方之旅

如是甘厚　訴說著慧心

融合了生命真義

午后斜陽　喝咖啡去

花窗　書畫　心香連連

簡單美麗

幸福別說出口

舌尖味蕾知趣

啊　生命原來可以舒坦不羈

濃苦酸甜　品嘗人生

喝杯咖啡去

不著人間事

天涯法旅
一僧鞋

🎼 一雙僧鞋

莫聽穿林打葉聲，

何妨吟嘯且徐行。

竹杖芒鞋輕勝馬，誰怕？

一蓑煙雨任平生。

料峭春風吹酒醒，微冷，

山頭斜照卻相迎。

回首向來蕭瑟處，歸去，

也無風雨也無晴。

　　　　──蘇軾〈定風波〉

那是一場春雨，蘇東坡寫下了千古名詞。

他這麼說著──

「三月七日，沙湖道中遇雨。雨具先去，同行皆狼狽，余

獨不覺，已而遂晴，故作此。」

從小喜歡讀詩詞，尤其喜歡蘇東坡。因著以為自己，讀懂他的真性情，讀懂他的禪。喜歡他和佛印禪師的故事，喜歡他和蘇小妹的手足情和童心，喜歡他對元配夫人王弗的真情。

在吟詩誦詞強為愁的年少歲月中，讀到〈江城子〉：「十年生死兩茫茫，不思量，自難忘，……明月夜，短松崗。」

至今，雖然已年過一甲子了。每次重讀內心仍然悽悽愴愴，仍然深深的，被那個月夜下獨弔亡妻孤墳的身影所感動。

也特愛〈定風波〉的自在禪境！
在他歷盡官途冷暖、人生風雨之後，仍然可以如此輕描淡寫——
簡單的，持著竹杖、穿著芒鞋，在春寒料峭的春雨、林下獨行。沒有雨具也無妨，在斜雨微冷中，雖有些酒氣，但其實人是清醒明白的，官場的起伏，誰在乎。它是礙不

著我曠達從容、淡泊寧靜的達觀人生的啊！

雨後，天自然會放晴的。

人生啊，本來就無所謂風雨，也無所謂陰晴的！

之所以喜歡〈定風波〉，實在是莫名的感受到它別有風韻的禪味。並且，在內心引發出另一種屬於自己獨享的意境——

那是一個穿著芒鞋，持著竹杖，無礙輕快的，在春天的季節雨中，行經林中小徑的自在僧。

風也好，雨也罷，參透了世事。晴也可，冷也好；是獨行或結伴，世路平坦或崎嶇，都無關風月，人情看盡。輕安勝乘馬，沒什麼可承擔，也沒什麼可放下……

一個在穹蒼下，自在於天地的行者僧人！

這是一份說不清的感受，完全屬於個人的！

是前世深刻烙下的印記吧，從來心裡腦海中，都有著頂天立地，上求下化，踽踽行僧的法影。在孤煙直的黃沙大漠，在杏雨柳風的煙雨江南，在嶺頭白雲的青翠山徑，在……。

有著一雙雙為法不倦的僧鞋，走過恆河沙歲月，走過烈日星辰，走過盛朝亂世，走過孤城荒月，走過人間悲歡離合。看破六根、六塵，參透煩惱即菩提。

一雙雙走在永無生滅，不增不減，不垢不淨的佛法大道上，修持六度萬行，慈悲智慧的僧鞋！

幸福後記

星雲大師曾說：人生，五十歲以後是宗教人生，是修身修心，為大眾服務的人生第二春。

而我，很幸運的，我的第二春早來了十餘年！

三十六歲舉家移居澳洲黃金海岸，公婆的健朗開明，他們的國際觀支持我們遠度重洋的機會；行萬里路，增廣見聞的理想，陪同兩個懂事善解的兒子出國遊學。寄望在人生中，多體驗不同國度、文化，活出人生價值，而無所遺憾。

而因緣，實在不可思議妙不可言，我們運往澳洲的書籍物品，竟然和佛光山在澳洲建寺的建材併櫃。我們把自己送上佛光法船！

一九九二年一月來到澳洲，就回到了法性的家。

人間佛教大道上，和師父們一起依循大師「佛光普照三千界，法水長流五大洲」的慈悲與智慧。一路學、一路修、一路行……，全家同心協力，做了二十三年

的幸福法喜義工。

從協助常住在黃金海岸創立佛光山中天學校，協助佛光會
會務推動和實行。

在教育、文化、慈善、法會誦經的共修過程中，深深感受
到師父所說：佛法在恭敬中求，修行在日常生活中成就。
人生，「行到水窮處」，因為有佛法，自能自在「坐看雲
起時」；所謂絕地，往往處處妙逢生機。無盡──

奉您 茶兩杯
圓曾經未盡之飲的約
禪香如嵐 再參

再奉您 一口回甘
清靜的泉 法味自然
如昔
再圓無盡的願

無須回首
行 行 行……行佛
向陽處 山無崖 水無盡
心甘情願

作　　　者　徐秀美

主　　　編　賴瀅如
編　　　輯　田美玲
美 術 編 輯　林紫婕
封 面 設 計　林紫婕
照 片 提 供　釋妙蘊、徐秀美、林紫婕

出版・發行　香海文化事業有限公司
發 行 人　慈容法師（吳素真）
執 行 長　妙蘊法師

地　　　址　241新北市三重區三和路三段117號6樓
　　　　　　110臺北市信義區松隆路327號9樓
電　　　話　(02)2971-6868
傳　　　真　(02)2971-6577
香海悅讀網　www.gandha.com.tw
電 子 信 箱　gandha@gandha.com.tw
劃 撥 帳 號　19110467
戶　　　名　香海文化事業有限公司

總 經 銷　時報文化出版企業股份有限公司
地　　　址　333桃園縣龜山鄉萬壽路二段351號
電　　　話　(02)2306-6842

法 律 顧 問　舒建中、毛英富
登 記 證　局版北市業字第1107號

定　　　價　新臺幣990元
出　　　版　2016年4月初版一刷
I S B N　978-986-93112-0-5
建 議 分 類　音樂書

國 家 圖 書 館 出 版 品 預 行 編 目（ Ｃ Ｉ Ｐ ）資 料
簡單的幸福 / 徐秀美 作 ; --初版 .--臺北市 :
香海文化,2016.04　ISBN 978-986-93112-0-5(精裝附光碟片). --
224.512　　　　　　　　　　　　　　　105001871